THE WRITE LIFE DIARY

By

_____

The Write Life Diary™
Writing My Life from Good to Great
Published through Lulu Enterprises, Inc.
All rights reserved
Copyright © 2010 by Kristiina Hiukka
Cover Art, Steve Babb
Cover Design, Interior Book Design and
Layout, www.integrativeink.com.
ISBN: 978-0-578-05798-9

This publication has been designed for journaling with the Write Life Diary™ methodology developed by Kristiina Hiukka.

Writing My Life from Good to Great
Journal by

_____

The Write Life Diary™ method

Instructions for writing The Write Life Diary™

TODAY {add today's date}
Write first as a warm-up. Ideas to write about: your dreams, celebrations, challenges, thoughts and feelings about yourself, your family and relationships, work, events, activities, people you have met, what you have learned, accomplished or discussed with someone recently; commentary about the news, movies, weather and how they affect your mood.

FUTURE {add a date a week, a month or a year from today}
Describe as specifically as you can how you solve problems and revel in the joyful flow of your life using positive statements. Disregard negative words (not, no, never) and negative expressions (don't, didn't, wasn't). Use the active voice and the present tense as if you were going through the experience right now. Avoid conditional and passive sentences. Include yourself in the description. Since you are your only audience, you can audaciously write about your boldest dreams.

POWER BOX
Select a few emotionally powerful words from your journaling on the Future page that feel most intriguing to you. Write these words into the Power Box at the bottom of the page. These emotionally loaded "power" words will serve as simple affirmations and touchstones.

CHECK OFF
In this column mark off the "dreams come true" diary entries on the Future page. The periodic checking off exercise adds excitement to your writing.

Want to know more? Read **The Write Life Diary – Write Your Life from Good to Great** by Kristiina Hiukka ISBN 978-0-615-35367-8 or go to www.thewritelifediary.com.

Future: _____ ____/____20____

Today: _____ ____/____20____

Future: _____ _____/_____20_____

Today: _____ ____ /_____20____

Future: _____ ____/____20____

Today: _____ _____ / _____ 20 _____

Future: _____ ____/____20____

Today: _____ ____ /____ 20____

Future: _____ ____/____20____

Today: _____ ____ /_____ 20____

Future: _____ ____/____20____

Today: _____ ____/____20____

Future: _____ ____/____20____

Today: _____ ____/____20____

Future: _____ ____/____20____

Today: _____ ____/____20____

Future: _____ _____ /_____ 20_____

Today: _____ ____ /____ 20____

Future: _____ ____/____20____

Today: _____ ____/____20____

Future: _____ ____/____20____

Today: _____ ____ /_____20____

Future: _____ ____ / ____ 20____

Today: _____ ____ /____ 20____

Future: _____ ____/____20____

Today: _____ ____/____20____

Future: _____ ____ /____ 20____

Today: _____ ____ /____20____

Future: _____ ____/____20____

Today: _____ ____ / ____ 20____

Future: _____ ____/____20____

Today: _____ ____/____20____

Future: _____ ____ /____ 20____

Today: _____ ____ / ____ 20 ____

Future: _____ ____ / ____ 20____

Today: _____ ____ /____20____

Future: _____ ____ /____ 20____

Today: _____ ____/____20____

Future: _____ ____ /____ 20____

Today: _____ ____/____20____

Future: _____ ____/____20____

Today: _____ ____/____20____

Future: _____ ____ /____ 20____

Today: _____ ____/____20____

Future: _____ ____/____20____

Today: _____ ____ / ____20____

Future: _____ _____ /_____ 20_____

Today: _____ ____ / ____ 20____

Future: _____ ____/____20____

Today: _____ ____/____20____

Future: _____ ____/____20____

Today: _____ ____/_____20____

Future: _____ ____ / ____ 20____

Today: _____ ____ / ____ 20____

Future: _____ ____/____20____

Today: _____ ____ / ____ 20____

Future: _____ ____/____20____

Today: _____ ____ /____ 20____

Future: _____ _____/_____20_____

Today: _____ ____ / ____ 20____

Future: _____ ____/____20____

Today: _____ ____/____20____

Future: _____ ____/____20____

Today: _____ ____/____20____

Future: _____ ____ /____ 20____

Today: _____ ____ /____ 20____

Future: _____ ____/____20____

Today: _____ ____/____20____

Future: _____ ____ /____ 20____

Today: _____ ____ / ____ 20____

Future: _____ ____ /____ 20____

Today: _____ ____ /____ 20____

Future: _____ ____/____20____

Today: _____ ____/____20____

Future: _____ ____/____20____

Today: _____ ____ / ____ 20____

Future: _____ _____/_____20_____

Today: _____ ____/____20____

Future: _____ ____/____20____

Today: _____ ____/____20____

Future: _____ ____/____20____

Today: _____ ____ / ____ 20____

Future: _____ ____ /____ 20____

Today: _____ ____ / ____ 20____

Future: _____ ____/____20____

Today: _____ ____/____20____

Future: _____ ____/____20____

Today: _____ ____/____20____

Future: _____ ____ /____ 20____

Today: _____ ____ / ____ 20____

Future: _____ ____/____20____

Today: _____ ____/____20____

Future: _____ ____ / ____ 20 ____

Today: _____ ____ /____20____

Future: _____ ____/____20____

Today: _____ ____ / ____ 20____

Future: _____ ____/____20____

Today: _____ ____ / ____ 20____

Future: _____ _____ /_____ 20_____

Today: _____ ____ /____20____

Future: _____ ____/____20____

Today: _____ ____/____20____

Future: _____ ____/____20____

Today: _____ ____/____20____

Future: _____ ____/____20____

Today: _____ ____ /____ 20____

Future: _____ ____ /____ 20____

Today: _____ ____ / ____ 20____

Future: _____ ____/____20____

Today: _____ ____/____20____

Future: _____ ____/____20____

Today: _____ ____/____20____

Future: _____ _____ / _____ 20____

Today: _____ ____ /____ 20____

Future: _____ ____/____20____

Today: _____ ____/____20____

Future: _____ ____/____20____

Today: _____ ____ / ____ 20____

Future: _____ _____/_____20____

Today: _____ ____ / ____ 20____

www.ingramcontent.com/pod-product-compliance
Lightning Source LLC
Chambersburg PA
CBHW032139040426
42449CB00005B/314